Susanna Maria Zeller

Flügelschlag

Für den Mann,

der meinen Träumen Flügel verleiht,

und sie mit mir in die Wirklichkeit holt –

meinen Mann.

Ich danke dir!

Susanna Maria Zeller -

ich wurde 1971 in Krems an der Donau geboren und
lebe mit meinem Mann und unseren beiden Kindern
in Lichtenau im Waldviertel.
Schon als Kind hat das geschriebene Wort eine große
Faszination auf mich ausgeübt und ich habe es geliebt,
damit zu spielen – das ist bis heute so geblieben.
Die Kraft der Worte berührt und beflügelt die Seele –
hoffentlich auch die Deine/Ihre!

***

Text und Fotografie: Susanna M. Zeller
Gestaltung: Christian Zeller
Herstellung und Verlag:
BoD - Books on Demand, Norderstedt
ISBN: 978-3-7412-4083-6

Vorwort

Ich glaube an Engel –
in welcher Form auch immer, für mich sind sie spürbar an meiner Seite, wechseln oftmals ihr Aussehen, sind manchmal durchaus irdisch und sichtbar, mit menschlichen Zügen, dann wieder sind sie nur ein Gefühl, das mich durchströmt und wärmt. Und manchmal schicken sie mir Impulse ins Herz, die sich zu Gedanken formen und mich dazu ermuntern, sie als geschriebene Worte auf´s Papier zu bringen.

Ich bin sicher, dass mir Unterstützung aus anderen Sphären zuteilwird, von Orten, die für mich, den kleinen Menschen, Susanna Zeller, überhaupt nicht greifbar, schon gar nicht begreifbar sind.

Und ich stelle mir gerne vor, dass die alles ummantelnde Liebesenergie der Engel uns alle beschützt.

Man muss bekanntlich nicht alles mit den Augen sehen, mit dem Herzen kann man oft viel weiter schauen.

Meine Engel helfen mir, die Bodenhaftung nicht zu verlieren, um die ich mich im Alltag bemühe. Wenn ich allerdings dann doch kurz einmal abhebe, dann tragen sie mich ein Stück weit auf ihren Flügeln, zeigen mir so manche Situation aus einer anderen Perspektive und setzen mich dann wieder sanft ab im „Hier" und „Jetzt"- denn das ist der Ort, an dem wir alle uns aufhalten sollten, unsere Ausgangsposition, um das Abenteuer Leben zu bestreiten.

Herzlichst,

Susanna Zeller

Und manchmal…

streut Gott seinen Engeln Sternenstaub auf ihre Flügel

und lässt sie

 - verwandelt in Schmetterlinge –

für uns auf die Erde schweben….

Als mein Weltbild einmal ziemlich ins Wanken geriet,

weil das Leben wieder mal eine

herzzerreißende Geschichte schrieb,

da ist ein Schmetterling in mein verwackeltes Bild geflogen,

hat vor meinen Augen seine Bahnen gezogen…

Mit seinen Flügeln hat er eine Botschaft geschrieben:

„Vergiss nicht: verloren sind nie, die, die wir lieben,

egal, wo sie sind, ob „hier" oder „drüben"!"

Seither ist jeder Schmetterling ein Botschafter für mich –

und wenn du genau hinsiehst, dann grüßt er auch dich!

Schmetterling,

Botschafter zwischen den Welten,

Vermittler zwischen dem Augenblick und

der Unendlichkeit des Seins.

***

Kennst du den Kuss eines Schmetterlings?

Er ist so zart, wie der Wimpernschlag eines Kindes,

der dich sanft an deiner Wange berührt.

***

Himmelspost mit Engelsgrüßen,

landet oft in Form eines Schmetterlings vor deinen Füßen.

Aus tiefstem Herzen wollte ich beschwören,

dass ich dich habe lachen hören…

es klang so glücklich und frei.

Doch dann sagte mein Kopf,

das ginge ja kaum,

vielleicht war es ja auch einfach ein Traum,

ein Wunschgedanke, der füllte einen

in mir leer gewordenen Raum…

Plötzlich setzte sich ein Schmetterling auf meine Hand -

wohl, um sicher zu gehen,

dass dein Gruß den Weg zu mir fand.

So kam es, dass ich jeden Zweifel überwand,

jetzt bin ich sicher:

was das Herz hört und sieht, ist stärker, als der Verstand!

Mit zerzaustem Flügel und wohl des Fliegens müde,

war ein Schmetterling bei seiner Rast,

in meinem schönen Garten zu Gast.

Als ich genauer hinsah, erfasste mein Blick

dass von einem Flügel sogar fehlte ein Stück-

doch plötzlich erhob er sich mit leichtem Geschick und

flog fröhlich flatternd wieder in den Himmel zurück

Dank des Schmetterlings, der

wieder aufgestiegen und weitergeflogen,

habe ich folgende Lehre gezogen:

ein verletzter Flügel kann dich zur Zwischenlandung zwingen,

aber das bedeutet nicht,

dass die Weiterreise nicht wird gelingen...

***

Seitdem du nicht mehr hier bist,

malst du mit Schmetterlingsflügeln stille Botschaften

in den Himmel über mir.

Ich kann sie lesen -

mit meinem Herzen.

Dort bewahre ich sie auf, bis wir uns eines Tages wiedersehen.

Dein Schutzengel –

über dich wacht.

Dein Schutzengel –

selbst, in der dunkelsten Nacht.

Dein Schutzengel –

auf dein Seelenheil bedacht.

Dein Schutzengel –

unterschätze nie seine Macht.

***

Ein Schutzengel –

hüllt dich ein, in einen Mantel aus Licht.

Ein Schutzengel –

er ist da, auch wenn du meinst, du spürst ihn nicht.

Dein Schutzengel –

ruf ihn an, gib ihm Raum.

Dein Schutzengel –

schenk ihm dein Vertrauen.

Tauche ein, in deines Schutzengels Licht,

nimm es an,

es verspricht dir Zuversicht!

Ich habe es gesehen:

du musstest durch´s Feuer gehen.

Doch dann waren da

Unendlichkeit und Licht,

ein Engelsgesicht.

Ein Schutzengel bist du nun geworden,

suchen wir noch nach Antworten im Heute,

kennst du schon das Morgen.

Nun beschützt du die, die du einst liebtest,

auch in der dunkelsten Nacht,

breitest deine Flügel über sie,

bist auf ihr Seelenheil bedacht.

(und ich weiß, du freust dich,

wenn du siehst, dass sie nicht verlernt haben, wie man lacht).

Manchmal setze ich meine Sorgen auf einen Sonnenstrahl und

lasse sie mit Lichtgeschwindigkeit in den Himmel fliegen.

Dort landen sie auf den Flügeln meines Engels und

er trägt sie mit mir, bis sie nicht mehr so schwer wiegen.

***

Von deinem Himmelsfenster aus

hast du mich mit einem Lichtstrahl auf der Nase gekitzelt…

Du hast mich sichtbar unsichtbar berührt.

Was immer du denkst,

was immer du fühlst,

wohin du auch gehst,

und woran du auch glaubst-

es ist immer ein Engel an deiner Seite!

***

Im flackernden Licht einer Kerze

sehe ich einen Engel tanzen.

Er wärmt mein Herz und

erhellt meine Nacht.

Spuren im Sand…

kann der Wind verwehen,

oder das Wasser spült sie fort,

sie verlieren sich dort,

wo sie entstanden sind.

Spuren im Herzen…

sind unauslöschlich,

sie vertiefen sich dort,

wo wir sie hinterlassen haben.

Durch das Dickicht der Ängste

bricht sich das Licht,

schieb zur Seite die Ängste,

dann scheint dir die Sonne ins Gesicht.

Schieb zur Seite die Äste,

geh durch´s Dickicht ins Licht.

***

Aus der Ferne,

mit der nötigen Distanz,

gelingt es oft besser,

eine Situation zu überblicken,

dann schafft man es auch leichter,

von Dunkelheit Überschattetes

wieder ins rechte Licht zu rücken,

Manchmal muss man

unterwegs den Blick nach oben richten,

um sich selbst zu versichern,

dass auch im Schatten liegende Wegesstückchen

sich wieder lichten…

Auf dem Weg von mir zu dir

hab ich ein Wort gefunden.

Ich habe es aufgehoben und mitgenommen,

um es gemeinsam mit dir anzuzünden:

das Herzenslicht!

***

Wer im Herzen eines anderen Menschen

ein Zuhause hat,

der ist niemals heimatlos.

Wenn ich Ruhe suche,

dann geh ich hinaus in die Wälder,

wo mich die grünen Wächter der Natur empfangen.

Und dann darf ich eintauchen in die Stille eines Waldes,

die meine Seele umarmt.

***

Wenn du den stillen Raum

heilender Gedanken betrittst,

findest du dort

Zuflucht für deine Seele.

Am Ende des Tunnels

ist immer ein Licht –

ein Satz, der auf dunklen Pfaden

Hoffnung verspricht.

Mag der Weg auch steinig sein,

oder Hindernisse versperren die Sicht –

geht vertrauensvoll weiter, fürchtet euch nicht!

***

Schau ins Licht am Horizont,

ins Licht, das zu suchen sich immer lohnt.

Tauche ein, in des Lichtes Kraft,

weil es dich wärmt und Heilung schafft!

Glück ist auch eine Sache

der Lebenseinstellung und Betrachtungsweise -

wenn du dich erst für´s Glücklichsein entschieden hast,

dann…

lass los, was dich hemmt,

greif nach deinem Mut,

nimm Anlauf und…

…spring hinein!

So manches „Warum?"

verhallt unbeantwortet im Universum.

Vielleicht sollte man einfach aufhören,

sich diese Frage zu stellen und

sich im Hier und Jetzt

lieber mit dem „Wie" beschäftigen,

während man darauf vertraut,

dass das Leben einem Antworten schenkt.

Wenn sich im geräuschvollen Alltag

ganz leise und unverhofft

ein Zeitfenster für dich öffnet,

dann schau hinaus und

genieße die Aussicht!

***

Setz dich ab und zu hin

und tauche in die Stille ein.

Abseits vom Alltagslärm

bleib ein bisschen mit dir allein.

Genieße deine Gesellschaft,

horch in dich hinein und

lade dich selbst

zu freundlichen Gedankengängen ein.

Bist du dann mit dir EINS und

hast dich gefunden in dir,

geh wieder weiter,

bereit für Vereinbarkeit zu einem WIR.

Die stillen Wasser,

die uns erlauben,

bis auf den tiefsten Grund ihrer Seele einzutauchen,

lassen uns oft die wertvollsten Schätze heben.

***

Meine Gedanken verlieren sich

Im stillen Wasser des Sees,

wo ich sie am Grund meiner Seele

neu geordnet wiederfinde.

***

Gedankensplitter…

beginnen vor meinen Augen zu tanzen,

formieren sich neu

und lassen mich teilhaben,

an der Entstehung neuen Wortzaubers

Das gemeinsame Lachen,

das gemeinsame Weinen,

das miteinander Haltfinden aneinander,

das miteinander Wachsen an Krisen,

das gemeinsame Annehmen von Dingen,

die wir nicht ändern können,

das gemeinsame Tragen von Lasten,

das sich miteinander Freuen am Guten, das uns begegnet,

das stumme Versprechen füreinander da zu sein,

die Gewissheit darüber,

dass ein unsichtbares Band uns verbindet,

das ist gelebte Freundschaft.

Es ist nicht immer einfach,

jemandem ein Lächeln zu schenken, wenn man traurig ist,

aber es ist einfach wunderbar, wenn man es trotzdem schafft.

Es ist nicht immer einfach,

die richtigen Worte im richtigen Moment zu finden,

aber es ist einfach wunderbar, wenn man sie trotzdem sucht.

Es ist nicht immer einfach,

zu schweigen, wenn im Innersten alles laut schreit-

aber es ist einfach wunderbar, wenn tröstende Stille sich ausbreitet.

Es ist nicht immer einfach, sich dem Leben Tag für Tag zu stellen,

aber es ist einfach notwendig, es trotzdem zu tun.

Gar nichts ist einfach, wenn man auf sich allein gestellt ist,

aber es ist einfach wunderbar, wenn einem das Leben Menschen

an die Seite zaubert, die zu Freunden werden,

denn:

sie schenken dir das Lächeln, das du weitergeben kannst,

helfen dir, die richtigen Worte zum rechten Zeitpunkt zu finden,

schweigen mit dir, wenn Stille wichtig ist

und helfen dir, dich dem Leben zu stellen, Tag für Tag.

Wenn du Freunde hast, dann sei einfach dankbar,

denn das ist ganz einfach!

Mein Freund...

...dich nicht sehen können,

aber dein Bild in meinem Herzen tragen –

die Verbindung bleibt.

Dich nicht berühren können,

aber dich mit meinem Herzen spüren –

die Verbindung bleibt.

Dich nicht hören können,

aber tief in mir deine Stimme, die zu mir spricht –

die Verbindung bleibt.

Deine Kraft, die immer noch auf mich wirkt,

die mich hält und mir hilft, mich wieder zu fangen,

wenn ich für kurze Zeit falle –

die Verbindung bleibt.

Niemand kann sie mir nehmen.

Du bist auf der anderen Seite,

Lichtjahre von mir entfernt, vorausgegangen.

Trotzdem bist du mir ganz nahe.

Ich kann dich vor mir sehen,

wenn ich meine Augen schließe.

Ich kann deine Stimme hören,

auch, wenn du gerade gar nicht zu mir sprichst.

Du begleitest mich durch meine Gedanken,

lebst weiter in so vielem.

Ich trage dich in meinem Herzen.

Darum spüre, sehe und höre ich dich – jederzeit.

Manchmal sollte man zwischen einander eine Brücke schlagen,

„Ich bin für dich da", sollte man einfach sagen.

Damit könnte man Abgründe überwinden,

um wieder zueinander zu finden.

Doch manchmal vergisst man leider, wie das geht,

kann nicht einmal sagen,

was scheinbar unüberwindbar dazwischen steht.

Dabei wär die Lösung gar nicht so schwer,

schenkte man seiner inneren Stimme einfach Gehör.

Dann macht man einfach sein Herz und seine Arme auf,

das Gegenüber wartet oft nur d´rauf.

Hat man einander erst mal ans Herz gedrückt und

fest in die Arme genommen,

ist man endlich wieder beieinander angekommen.

Ich wünsche dir…

Kraft, nach vorne zu blicken,

wenn das Zurückschauen am meisten schmerzt.

Kraft, für einen weiteren Schritt,

wenn du auf der Stelle trittst.

Kraft, an das Morgen zu glauben,

wenn das Heute schwer zu ertragen ist.

Kraft, dich von deinem Stern leiten zu lassen,

auch wenn du ihn

an einem von Wolken verhangenen Himmel

einmal nicht sehen kannst.

Wenn Worte kaum mehr zu finden sind,

und Schmerzen nur sehr schwer zu lindern sind.

Wenn Glaube und Hoffnung dabei zu verschwinden sind,

und du nicht einmal mehr die Kraft hast,

zu weinen, wie ein kleines Kind.

Wer hilft dir dann?

Was treibt dich an?

Dann gewinnen Liebe und Freundschaft

noch viel mehr an Wert.

Dann siehst du, wer Freund ist,

und wer dir den Rücken zukehrt.

Wenn nichts mehr und doch so viel bleibt,

wie Freundschaft und Liebe,

dann wachsen aus diesen Samenkörnern neue Triebe.

Dann geschehen kleine Wunder und:

es blühen Blumen im Asphalt.

Hinter dem Schleier…

versteckt sie ihr Gesicht.

Hinter dem Schleier…

findet sie Schutz, fürchtet sich nicht.

Jedoch -

durch den Schleier…

kann sie nicht wirklich klar sehen, und

durch den Schleier…

lässt sie zwischen sich und der Welt eine Grenze entstehen.

Letztendlich kommt sie dann doch zu dem Schluss,

dass sie, um wahrhaftig zu leben,

den Schleier heben muss.

In einem Ozean voller Liebe

sind Familie und Freunde

die schillerndsten Wassertropfen.

Immer!

Felsenschwere

Lebenssituationen,

die deine Welt mit aller Macht erschüttern,

werden nicht plötzlich

federleicht,

aber Freundschaft und Liebe können dann

die Stützpfeiler sein,

die dir helfen, die Lasten zu tragen,

ohne darunter zusammenzubrechen.

Klopfst du mit einem ehrlichen Lächeln an eine Herzenstür,

wirst du oft damit belohnt,

dass diese Türe weit aufschwingt,

und der Mensch, der sie geöffnet hat,

dich in sein Leben treten lässt,

wo eine gemeinsame Reise beginnt.

***

Von deinem Himmelsfenster aus

hast du mir gezeigt,

dass der Schlüssel zu jeder Herzenstür

die Liebe ist.

Kinderlachen, das in deine Ohren dringt,

ist wie Musik, die die Seele zum Klingen bringt,

und dir dazu verhilft, dass dein Innerstes fröhlich schwingt.

***

Schau bewusst den Kindern zu,

wie sie mit der Leichtigkeit eines Schmetterlings

über die Spielwiese des Lebens tanzen.

Dann wirst auch du für kraftvolle Augenblicke lang

deiner „Erwachsenenschwere" enthoben.

***

Auf wackeligen Beinen konnte mein Mädchen gerade gehen,

da hat sie mir strahlend erzählt, sie habe eine Elfe gesehen,

und sie wollte zaubern können und fliegen – wie Feen.

Heute, da ist die Kleine schon groß,

aber manch bunte Erinnerung lässt sie bis heute nicht mehr los.

Und wenn sie eintaucht, in diese Farben,

den verzauberten Raum, sieht sie Elfenstaub glitzern,

hält ihn fest, ihren Traum.

Sie hat es sich bewahrt, das kindliche Staunen.

Zuspruch

Und

Halt.

Ankommen

Und

Sein dürfen, wie du bist.

Eine Umarmung, die dich jederzeit willkommen heißt.

Möge Zuhause immer ein Ort sein,

an den du gerne zurückkommst,

mein Kind.

Es reicht nicht aus,

sich selbst zu genügen,

im Gegenteil:

man sollte sich mit diesem Gedanken

nicht in Sicherheit wiegen,

denn dann beginnt man, sich zu betrügen.

Nein, um glücklich zu sein,

muss der Mensch sich selbst lieben.

***

Sei dir selbst eine kostbare Pflanze im Garten des Lebens...

Kümmere dich gut um dich,

umarme deine Verletzlichkeit,

versorge dich mit Nahrung,

wende dich der Sonne zu.

So bleibst du farbenfroh, aufrecht und strahlend und kannst

die, die dir nahe sind, erfreuen.

Am Ende einer Reise in mein Innerstes

an einem Ort der Ruhe angekommen,

bin ich glücklich gelandet.

Von diesem Platz aus darf ich zu neuen Ufern aufbrechen

und mich öffnen für Neues.

Wenn alte Mauer sprechen könnten,

hätten sie viel zu erzählen.

Gerne würde ich ihren Geschichten lauschen.

***

Von Zeit zu Zeit

male ich mir die Geschichten aus,

die sich hinter verschlossenen Fenstern verbergen.

Doch es bleiben Geschichten.

Es sei denn, die Fenster öffnen sich

und erlauben mir einen Blick in das Innerste dessen,

das sie schützen.

Erst dann bekomme ich die Möglichkeit,

die Wirklichkeit zu entdecken.

Manchmal wird es in meinem Innersten so laut,

dass ich meine eigenen Gedanken nicht mehr hören kann.

Dann warte ich auf die Dunkelheit,

nehme mir bei Kerzenlicht für mich Zeit

und tauche ein in die Stille,

dort ordnen sich meine Gefühle.

Wenn es dann endlich wieder ruhig wird in mir,

begrüßt mich meine innere Stimme:

„Willkommen bei dir!"

Ein Rückschritt bedeutet nicht immer gleich

das Ende von Fortschritt.

Manchmal ist ein Schritt zurück einfach notwendig,

damit man erneut Anlauf nehmen kann,

um wieder voran zu kommen.

***

Die Wege der Selbsterkenntnis

sind manchmal steil,

aber sie sind begehbar.

Dorothee, die kleine Fee

Dorothee lädt euch heute ein –
durch die Pforte des Waldes bittet sie euch herein.
Der Weg durch die Landschaft
soll ein Kraftspender für euch sein,
mit ihr an eurer Seite, seid ihr niemals allein…

Für kurze Zeit sollt ihr eins werden mit der Natur-
dem Zauber des Waldes dicht auf der Spur.
Atmet tief durch, holt euch neue Kraft,
Dorothee kann es euch lehren,
denn sie weiß, wie man das schafft!

Ihre kleinen Weisheiten werden euch
ein Stück weit begleiten,
und euch sicher ans Ziel des Weges geleiten.

Die kleine Dorothee

Tief im Wald lebt eine Fee,

das ist die kleine Dorothee…

Im Frühling trägt sie ein grünes Hoffnungskleid,

im Sommer mit Gelb und Orange sie uns erfreut,

im Herbst trägt sie Rot mit goldenen Fäden,

im Winter sieht man sie in Weiß gehalten

über verschneite Wiesen schweben.

Kaum einer hat so viele Freunde, wie die kleine Fee –

sie spricht mit den Bäumen, den Pflanzen, dem Reh,

scherzt mit den Käfern und mit den Mücken,

Wildtiere tragen sie auf ihrem Rücken.

Sie singt mit den Vögeln und steigt mit ihnen auf in

windige Höh´-

manchmal hör ich sie munter schwatzen,

auch, wenn ich sie gar nicht seh`.

Sie schlürft gerne Tautropfen und

nascht aus Blütenkelchen Honig dazu,

sie badet in Pfützen und deckt mit Blättern sich zu.

Beim Tanzen mit Schmetterlingen fühlt sie sich

glücklich und frei,

klatscht freudig in die Hände und lacht laut dabei.

Nicht jeder Mensch sie gleich hören oder sehen kann,

willst du es erlernen, dann fang gleich damit an:

nimm dir einfach ein bisschen Zeit,

geh´ hinein in den Wald,

sei für Wunder bereit…

Werde ganz still und horch in dich hinein,

tauch´ ein in die Stille, fühl im Wald dich daheim…

Wenn all deine Sinne dann offen sind,

spürst du den Zauber des Waldes,

erzählt dir Geschichten der Wind.

Denk´ nicht darüber nach, genieß´ einfach die Natur,

dann bist du Dorothees Geheimnissen dicht auf der Spur.

Für manche bleibt unsere Fee trotzdem unsichtbar,

manch einer mag denken, Dorothees Geschichte

sei gar nicht wahr –

doch vielleicht hast ja gerade du etwas Glück,

und sie begegnet dir beim Spazieren durch

ein Waldesstück –

dann grüß` sie von mir, die kleine Fee,

meine Freundin Dorothee.

***

Dorothee und das Licht am Ende des Tunnels

Neulich, ich wagte es gar nicht zu hoffen,
habe ich Dorothee in ihrem Wäldchen wieder getroffen.

Ich suchte die Ruhe des Waldes und der Natur,
dachte gar nicht an sie, wollte nachdenken nur.
Mein Herz war schwer, mein Kopf voll
sorgenreicher Gedanken,
plötzlich stand sie vor mir…
vor Schreck geriet ich leicht ins Wanken.

Sie sagte zu mir: "So soll es nicht sein!
Was machst du so traurig im Wald hier allein?"
„Ach", meinte ich, „ Dorothee, so ist das Leben,
der Weg ist oft steinig,
nicht immer geradlinig und eben…!"
„Natürlich, das weiß ich, " meinte die Fee,
„Du musst nicht glauben, dass ich das nicht versteh`.

Dass Menschen oft voll Kummer und Sorgen sind,
darüber lese ich in den Wolken,

das erzählt mir der Wind.

Doch die Sonne sagt mir, es gibt immer einen Weg,

Wie könnte es sonst sein, dass sie jeden Tag untergeht,

und trotz allem am nächsten Morgen

wieder am Himmel steht....

Du kennst doch die Geschichte vom Tunnel

und dem Licht,

das man oft nicht gleich sieht,

weil Hindernisse versperren die Sicht.

Trotz allem kann das Licht am Ende des Tunnels

man letztendlich erreichen,

auch wenn die Wege dorthin sich nicht immer gleichen.

Die Hindernisse, die muss man überwinden –

es gibt immer einen Weg,

du musst nur fest daran glauben, ihn auch zu finden!

Bist du dann am Ziel wirklich angekommen,

erkennst du: nichts war umsonst,

was du unterwegs auf dich genommen!

Denn am Ende des Tunnels tauchst du ein, in das Licht,

nach der Dunkelheit wird´s wieder heller,

verzweifle nur nicht!

Ich nahm Dorothees hilfreiche Worte sehr gerne an –

denn was die kleine Fee sagt, einen verzaubern kann.

Mein Herz wurde leichter, mein Kopf wieder frei,

und meine Freundin, die Fee, lächelte mir zu dabei.

Ich danke dir, kleine Dorothee,

ich freu´ mich schon d´rauf, wenn ich dich wieder seh`!

***

Dorothee und das Frühlingserwachen

Endlich hatte das neue Jahr den Frühling gebracht,
nach und nach war wieder alles zu Leben erwacht.

Dorothee streifte ab das weiße Winterkleid,
schlüpfte in frisches Grün, begrüßte die neue Zeit.

Im dichten Schnee konnte ich sie
den Winter über nicht finden,
der Weg zu ihr war mir versperrt,
doch ich wusste, sie würde nicht spurlos verschwinden.

So lange einer den anderen in seinem Herzen trägt,
so lange gehört man zusammen,
wie viel Zeit auch vergeht.

Zwischen uns herrscht so etwas wie Telepathie –
auch wenn wir uns nicht sehen,
die Gedanken schweigen nie.

Die Stimme des Herzens, ist´s die uns verbindet,
ein Geschenk des Lebens, wenn man solche Freunde findet…

Im Frühling hab ich mich dann aber doch sehr gefreut,
sie wirklich wieder zu sehen
in ihrem Hoffnungskleid.
Wir hatten uns auch eine Menge zu erzählen,
so ein Winter kann lang sein,
wenn Eis und Kälte dich quälen….

Gott sei Dank hatte der Frühling den Winter nun
in die Flucht geschlagen –
Dorothee und ich waren darüber glücklich,
das muss man schon sagen…

Dorothee konnte vor Freude gar nicht still sitzen,
musste von einer Blume zur nächsten flitzen.
Begrüßte alle, die aus dem Winterschlaf erwachten –
und die, ausgeruht und fröhlich,
Kunststückchen machten…
Der ganze Wald feierte ein rauschendes Fest,
so soll es sein,
wenn man den Frühling wieder in die Herzen lässt…
Ich wollte die Bewohner des Waldes nicht länger stören,
auf meinem Nachhauseweg hab´ ich sie noch
lauthals singen und lachen hören…

Auch ich hatte nach meinem Besuch im Wald

wieder frischen Schwung –

dieses Frühlingserwachen

bleibt mir noch lange in Erinnerung….

***

Dorothee und die Herzensbindung

Dorothee hat mir schon oft Kraft gegeben,

viel Weisheit birgt so ein Feenleben…

Folgendes hat sie mich wissen lassen,

und es hilft vielleicht auch dir, neuen Mut zu fassen….

Eines Sommers hat sie mir diese Geschichte

erzählt, an sie muss ich denken, wenn Sehnsucht nach

Menschen, die nicht mehr hier sind, mich quält.

Dorothee meinte, eine echte Herzensbindung sei stark,

bleibt auf ewig bestehen,

was immer auch kommen mag.

Für mich bedeuten ihre Worte,

dass es immer wieder weiter geht,

und nach jedem Ende ein neuer Anfang steht….

Von all den Bewohnern vom Märchenwald,

hatte sie eine liebe Lehrmeisterin und Freundin,

doch die war schon sehr alt.

Henrietta hieß die alte Weise,

nahm Dorothee auf in ihre Kreise.

Sie lehrte Dorothee viel über das Leben,

wie mit dem Herzen zu sehen,

und von Herzen zu geben.

„Denn nur, was von Herzen kommt,

kommt auch richtig an",

erklärte Henrietta der Fee dann und wann.

Gerne hätte Dorothee noch viel mehr Zeit

mit ihr verbracht,

doch Henrietta wurde schwächer,

hat sich zum Sterben bereit gemacht.

Henrietta meinte: "Dorothee, du musst nicht traurig sein,

noch diesen Sommer holen

die Himmelsfeen mich heim…"

Doch Dorothee war trotzdem den Tränen nah,

Henrietta wurde schwer ums Herz, als sie das sah.

Dann hatte sie plötzlich eine Idee,

darüber berichtete sie der kleinen Fee:

„Dorothee, hör dir, was ich jetzt sage, wirklich gut an,

ich schick dir ein Zeichen, sobald ich es kann –

denn mein Leben geht weiter, nur wird es anders sein,

vertrau´ mir, meine Kleine, ich lass dich nicht ganz allein.

Ich werde zu dir eine Verbindung finden,

als Zeichen dafür, dass

wahre Freundschaft und Liebe die Macht haben,

Raum und Zeit zu überwinden."

Noch ehe Dorothee es sich versah,

war dann wirklich der Abschied da –

doch sie hoffte, es wär` wirklich nicht für immer,

hatte ja jetzt diesen Hoffnungsschimmer…

Sie wusste zwar nicht, durch welch ein Zeichen,

doch sie glaubte daran, Henrietta würde sie erreichen.

Und als sich der Sommer zum Ende hin neigte,

war´s wirklich so, dass Henrietta sich zeigte:

wie so oft dachte Dorothee

an die Freundin aus vergangener Zeit,

wünschte, etwas von ihr zu spüren, war für ein Zeichen bereit.

Plötzlich – sie kann es heute noch beschwören,
konnte sie Henrietta lachen hören.
Erst dachte die kleine Fee, all das wär` nur ein Traum,
gedankenversunken lehnte sie sich an
ihren Freund, Bruder Baum.
Da setzte sich ein
kleiner Schmetterling auf Dorothees Hand,
er war es, durch den Henrietta den Weg zu ihr fand!
Ihre Seele hatte sie in ihn hineingeboren,
Henrietta war da, sie war nicht verloren!

Jeden Sommer seither, wenn dieser
zum Ende sich neigt, kann Dorothee sich darauf verlassen,
dass Henrietta sich zeigt.

Dann fliegt der Schmetterling wieder fort,
in eine andere Welt,
an einen sehr fernen Ort.

Dorothee glaubt ganz fest an diese Zeichen,
man kann sich vielleicht nicht mehr sehen,
aber trotzdem einander erreichen!

***

Dorothee und die Elemente

Erde, Feuer, Wasser und Luft,

all das vereint der Waldesduft.

Dorothee liebt es zu spielen mit den Elementen,

sie zu spüren und zu berühren mit ihren Händen…

Sie hat mir schon einiges über

die Kraft der Elemente erzählt,

und wie kraftlos die Welt ist, wenn eines fehlt.

Die **Erde,** auf die sie mit leisen Sohlen tritt,

begeht sie behutsam, achtet auf jeden Schritt.

So viele ihrer Freunde leben in ihren verschiedensten

Schichten, dort ist immer was los, Dorothee kann dir

viel davon berichten.

Ihre Freunde die Käfer, die sind flink und schlau,

und dort, die Ameisen in ihrem Bau,

sie sind voller Fleiß, die Erde ist ihr Zuhaus´,

und gerade schlüpft in ihr Schlupfloch die kleine Maus….

Die Erde, die Tiere, sie sind miteinander verbunden,
Dorothee beobachtet sie oft, und dabei
verfliegen die Stunden.
Die Erde, ein Kind der Mutter Natur, man müsste ihr
täglich danken, oft vergisst man das leider nur...

Auch das **Feuer** hat sie schon oft in ihren Bann
kann Freund oder Feind sein –
Dorothee ist ihm oft begegnet, hat daraus ihre Lehren gezogen:

„Element Feuer, du hast große Macht
wer dir zu nah kommt,
ist in Gefahr, schneller, als gedacht.
Doch hast du auch schon oft in so manch´ dunkle Nacht,
dein wärmendes, leuchtendes Feuer gebracht.

Dorothee liebt es zu bewundern der Flammen Tanz,
schätzt und fürchtet ihren leuchtenden Kranz.

Dorothee meint über das **Wasser:**

„Es ist so elementar.

Manchmal ist es so sanft,

manchmal birgt es Gefahr.

Es lässt sich von uns trinken,

lässt uns in sich versinken,

ist manchmal so trübe,

und dann wieder klar."

Die **Luft**, die sie atmet, erfüllt sie mit Dankbarkeit –

Sie weiß, bis zum Gestank der Großstadt

ist es nicht weit.

Hier in ihrem Wald, atmet klare Luft sie ein –

und sie schwört bei allen Elementen:

Nirgendwo anders will sie zuhause sein….

***

Eure Reise mit Dorothee neigt sich nun dem Ende zu –
ich hoffe, ihr konnten genießen
den Weg durch die Waldesruh´.

Wollt ihr wieder mal einen Ort der Stille finden,
kommt zurück in Dorothees Wald,
ihr könnt das mit einem Besuch bei ihr verbinden…

Ob es Dorothee wirklich gibt,
muss man gar nicht so genau ergründen –
aber gäbe es sie nicht, man müsste sie erfinden!
Und ob ihr sie seht oder nicht,
was ist schon dabei –
soviel ist sicher: die Gedanken sind frei!

„Auf Wiedersehen, Wanderer",

es grüßt dich herzlich die kleine Fee,

meine, unsere Freundin Dorothee.

***

..und nicht vergessen:

wenn ein Engel dich leise grüßen möchte,
kreuzt oft ein Schmetterling deinen Weg…